JN096847

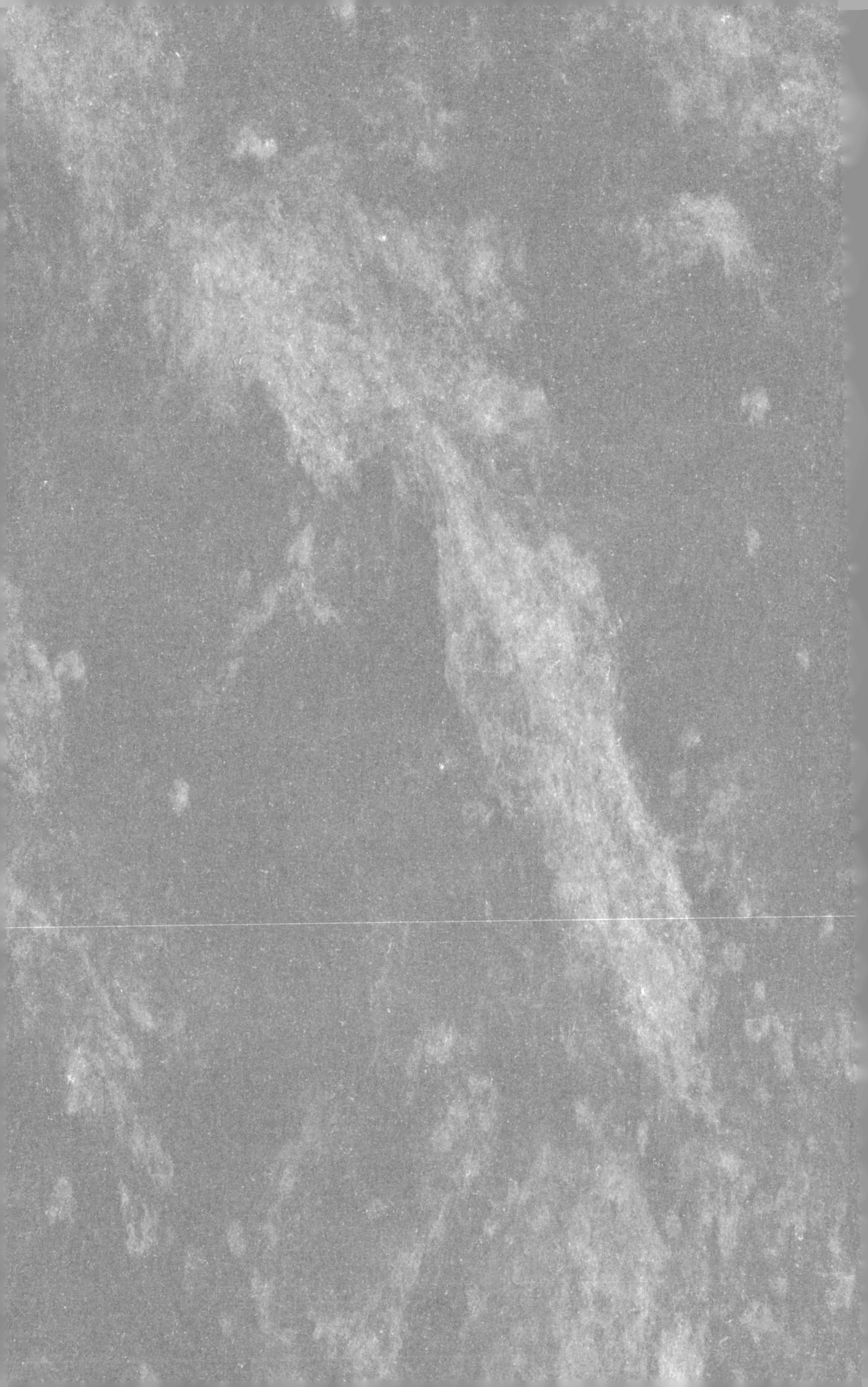

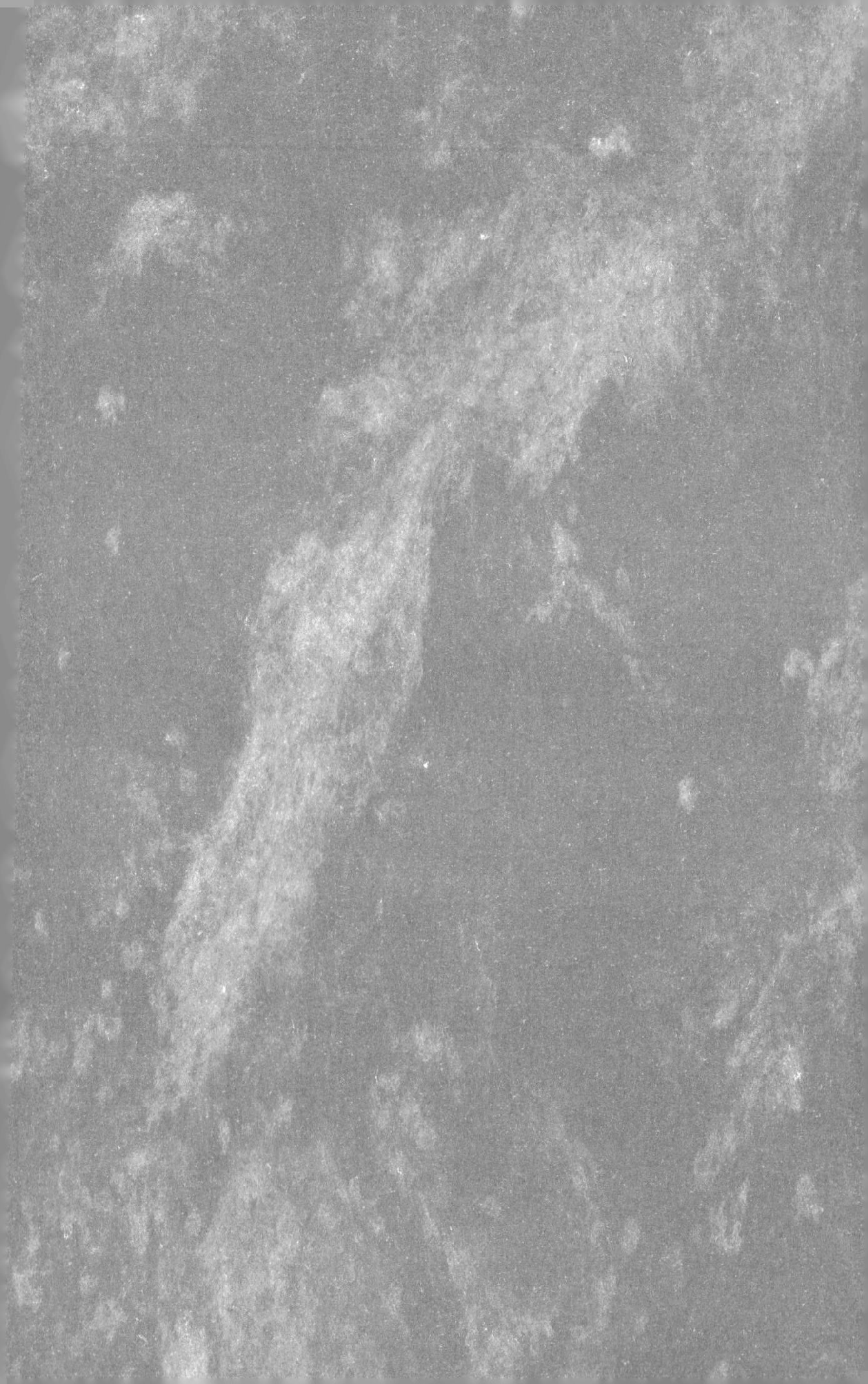

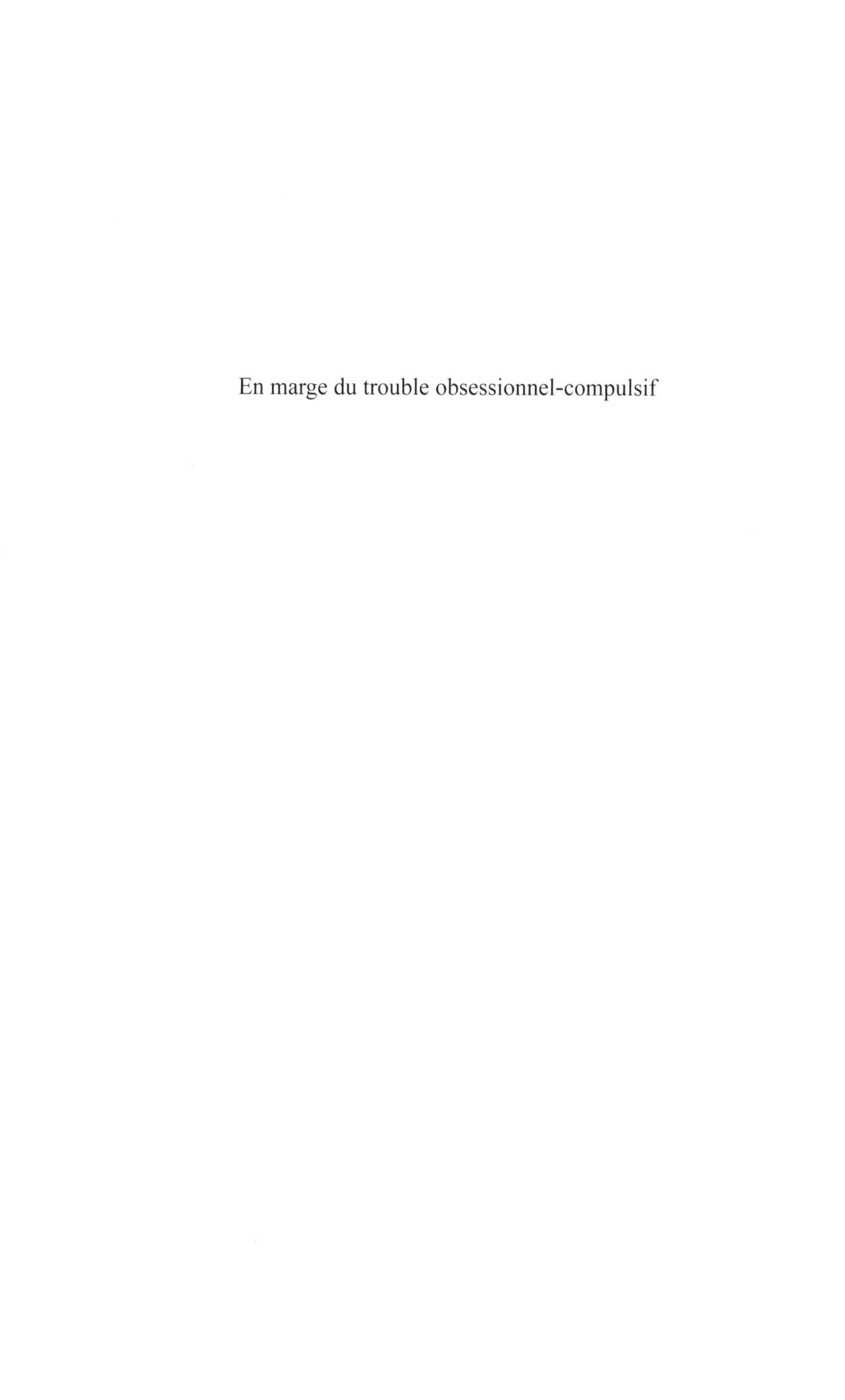

En marge du trouble obsessionnel-compulsif

強迫神経症の余白に

強迫神経症の余白に

主体の消滅そしてあるいは話者の不在

井川國彦……著　額田えりの……補訂

エムケープランニング

En marge du trouble obsessionnelle-compulsif

カバー装画　町田久美
©Kumi Machida
関係　Relation　2006
雲肌麻紙に青墨、茶墨、顔料、岩絵具　181.5 x 343 cm(3 panels)
個人蔵
協力 : 西村画廊

強迫神経症の余白に◉目次

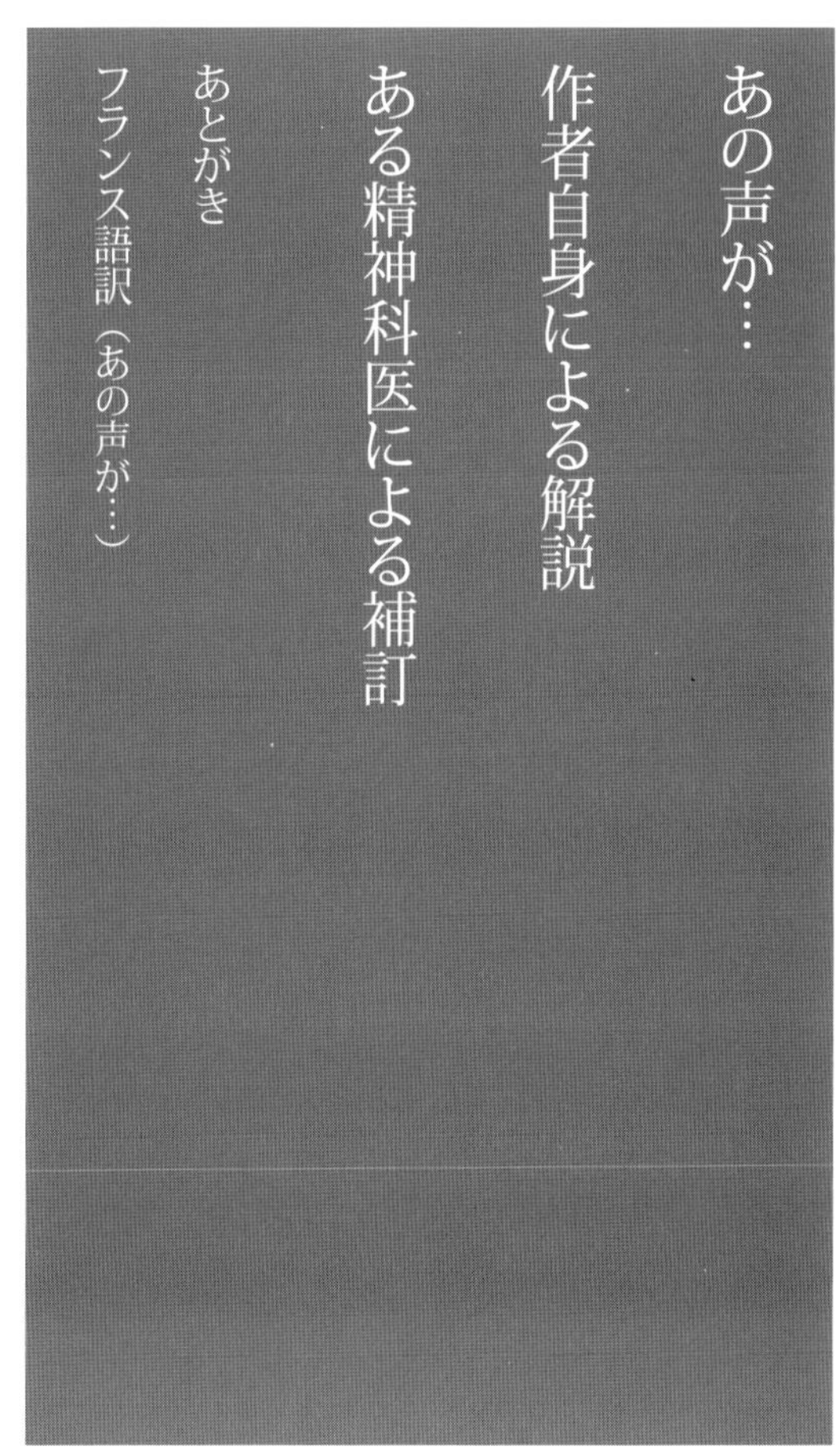

強迫神経症の余白に

主体の消滅そしてあるいは話者の不在

Cette voix…

あの声が…

✡それは、またいつも通りに、少しの狂いもなく、声の調子や、その順序、いい回しまでもが、昨日と同じように、繰り返し行われなければならないだろう。そこに在ることを在ることとして、了解するために。そうであることをそうであることとして、了解するために（断章1）。

✡彼は、しばしば疲れる。やめてみたいと思う。あの起源なき声を、できることなら彼はもう聴きたくない（断章2）。

✡その明白すぎるほどの場所で、意味は自らその意味を放棄する。意味が意味でありつづけることを拒む。かろうじて、因果律という意味の連関が生まれるその瞬間においてでさえ、おそらくは、あの声を動かす力によって、意図的な不確かさが持ち込まれ意味は裏切られる（断章3）。

✡彼は、そこに立っているしかない。そして〈他者〉のまさにあの声の持ち主のディスクールに、永遠に注意深く耳を傾けていなければならない。彼は、その閉ざされている扉を開けることをあらかじめ禁止されている（断章4）。

✡終わるわけのない同語反復がいつのまにか終わって

いるように、その徒労（けして疲労ではなく）の果てに、彼はようやく彼自身に還される。幕切れはいつもあっけない。

彼は、もう正常だろう。ソシュールの偉大な功績を無駄にはしない（断章5）。

✡しかしまた、その力は不意に訪れる。なんの脈絡もなく、圧倒的にやって来る。彼は、たたかわない。彼は、彼自身のディスクールに追いつけないことを知っている。彼の〈他者〉は、彼の手の届かない場所へ去っている。またしても、誰のものかわからないあの声が叫ぶ（断章6）。

✡彼はもう何も凝視めない。すべての同一性が失われ、何を見てよいのかわからない。しかしながら、彼は、彼の〈他者〉との間にいかなる隔たりもないことを発見する。そして、その距離のない差異に再び怯える（断章7）。

✡彼は、彼の〈他者〉との交通に、その後なんらかの方法を試みたのであろうか、私は知らない。彼の〈他者〉のあらゆる語りかけに、彼は嫌悪を感じたのであろうか、私は知らない。おそらく、そうではないであろう（断章8）。

✡そこに現前していないものは、何もない。欠落しているものもない。ただ、出来事と呼ばれるものが、関係することの可能性だけが失われている（断章9）。

✡彼は、彼の〈他者〉と共に何も見ず、何も聴かないであろう。結局は、いつもそこで何も起きてはいない。そして、彼は、それをするだろう。なぜ彼がそれをするのか、私は知らない。私は、ただ、彼がそうするのを見る（断章10）。

✡彼は、見られていることを知らない（断章11）。

Explication par l'auteur lui-même

作者自身による
解説

おそらくは、確認強迫の症状の典型と見なすことができるであろう、この断章群を、今ここで、テクストと呼ぶことができるかどうかは別として、一点、非常に興味深いものがある。一見、患者の手記風に思えるこの断章群において、その患者は、あらゆる主体から解放されている点である。「患者」＝「彼」という、三人称を導入することによる客観性が、第二の断章に提出されはするが、終盤に突然現れる「私」によって、この図式は、あえなく破壊される。患者は「彼」と名付けられながら、「私」によって、まさに書く主体の「私」によって、無名の存在に、彼の背後には、けして固有名が見え隠れしない存在に、還されるのである。

ところで、程度の差はあるにせよ、このような意味の病とでもいうような経験は、誰にでもあるだろう。おそらくは、構造主義の最大の業績――すなわち、シニフィアンとシニフィエの明確化――が、ここでは、何の意味も持ちえない。日常的に、盲信しすぎているにちがいない、「発音するもの」と「発音されるもの」との意味作用における父子関係が、一気に瓦解し始める。シニフィアンは、もはや何ものにも優越するのではなく、ただ単なる音に成り下がっているのである。唐突な意味の遮断。当然了解可能なはずの意味が、なんの前兆もなく、突然、色褪せる。言葉が、意味の総体であるはずの言葉たちが、不意にわけのわからないものとなる。そして、「徒労」という名の異常な回路を経たあと、ようやく、その意味作用を了解するにいたるのである。

彼は、もう正常だろう。ソシュールの偉大な功績を無駄にはしない（断章5）。

さて、この断章群は、それ自体としては、まったく異常ではない。「彼」という三人称で呼ばれる人物について「私」が書いたという点では、まったく異議はないであろう。しかし、この「私」は、この断章群を語ってはいない。確かに「彼」は、「私」を通過して語られてはいるが、まるで裏口からの不正入場者のように、「私」は、ただ痕跡をそこに残しているにすぎないのである。

それでは、この断章群を語っているのは、何者だろうか。患者の独白ではない限り、もちろん、それは、固有名詞に還元される主体としての患者ではないであろう。だとすれば、この言葉たちの総体であろうか。それとも、テクスト自身なのであろうか。今、テクストと書いたが、患者が純粋な意味での患者であるとき、すなわち、そこに「文学」の可能性が一切介入できないとき、果たして、それをテクストと呼んでいいものか逡巡を覚える。しかし、この断章群を読むとき、意味の複層性がそこで実現されており、もはやこの断章群は、その父親である患者の保証を必要としていないのである。そこでは、あらゆる言語活動が織りなされ、交流している。その点に立てば、これは、この断章群は、明らかにテクストであろう。

さて、話をもとに戻すが、この断章群をテクストとみなすとき、しからば、このテクストを語るものはいったい何者なのだろうか。テクスト。テクストは今、ここに在る。惜しみなく、その全体性を私の眼前に提出している。しかし、どこを通過してきて、このテクストは、今、ここに在るのだろうか。まるでなんの予告もなしに、不意に存在してきたとでもいったかのように、今、ここに在る。

私は、このテクストに目を通す。テクストは、この私によって、目を通される。そして、精神分析という外部の一時避難場所に連れ出し、カウンセラーのように、詳細に分析することすら可能かもしれない。

しかし、このテクストを背後で語っている何者かを、私は見ることができない。「彼」はテクストによって名付けられているのであって、その何者かによってではない。そして、まったく逸脱しながら登場する「私」の影に、非－現前の中に、その何者かがいるのを、かろうじて知ることができるだけなのだ。その何者かは確かにいるだろう。しかし、その何者かは、このテクストを直接には語ってはいない。

とすれば、その何者かは、今は、現前していないものの、常にその現前の可能性は持っており、どこか他の、ここより他の場所に現前するというのだろうか。いや、そうではないであろう。そのような、一回性といううちに取り込まれる任意性にはけして救出されはしない。

テクストを語るこの何者かは、テクストと離れることはない。現前と過程が同時に成立するその二重の時間の中で、テクストを語るものは、けして現前することはないのであり、また、したがって、大いに逆説的ではあるが、テクストが、今ここにあるという明証の中で、非―現前している他にないのである。ということは、結局、テクストを語るものは、やはりテクスト自身なのであろうか。性急な判断は控えて、今一度テクストそのものについて、見てみることにする。

このテクストには、登場人物あるいは、存在とまではいわないものの、話題として挙げられている人物――今まで述べてきたことを十分崩壊させてしまう危険性が、多分にあるが――が、三人いる。つまり、「彼」と「彼の他者」と「私」

の三人である。そして敢えてストーリー的なものを追いかけるとすれば、「彼」が「彼の他者」の無言の語りかけに圧倒され、為すすべもなく、その慣らされているはずの意味が了解できなくなり、いくつかの徒労と、正常への復帰を繰り返し、「彼」は、「彼の他者」と肉体をひとつにした単独者であることを自覚し、当惑し、結局そこに立っていることしかできない。そして、必要性から見て、なんの要請も受けていないはずの「私」が、かなり傲慢な態度で現れ、「彼」と「彼の他者」の関係について、何も知らないということを、無責任にも一方的に述べていく、ということになるであろう。

前述したが、精神科医の立場に立てば、これは、確認強迫の一症例ということができる。患者はかなり苦しんでいるにちがいない。このテクストを語るものは何者か、わかろうとする以前に、もっと手前の地平で、その明証性の中に立たされながら、意味作用がまったく機能しないことに苦しんでいる。患者の要求はただひとつである。それは、まったくもって明確に冒頭に登場する。

そこに在ることを在ることとして了解するために。そうであることをそうであることとして了解するために（断章1）。

例えば、患者が戸締りについて苦悩する場面を想定してみる。患者は、「鍵がかかっている」ということは、実はすでに了解しているにちがいない。きわめて知能の発達が遅れているわけでもなく、視力が低下しているのでもないはずであるからだ。だから、厳密にいえば、「そうであることをそうであることとして了解する」ことが、患者の第一の要求ではない。患者は、「そうであることをそうであることとして了解している」にもかかわらず、まさに、「彼の〈他者〉」の妨害によって、その保証が得られず、疲れるのである。つまり、患者はもう疲れたくないのであり、「彼の〈他者〉」の妨害を受けたくないのである。

あの起源なき声を、できることなら彼はもう聴きたくない（断章2）。

幻聴ではないにもかかわらず、まさに、これが強迫神経症の特徴ともいえるのだが、聴きたくないと思えば思うほど、その意思に反して、「彼の〈他者〉」は、そっと耳元に囁いてくるのである。「ほんとうに、鍵はかかっているか」と。ところで、「彼の〈他者〉」は、患者にとって、何かを語る何者かではない。「彼の〈他者〉」は、永久に患者と離れたりはせず、したがって、患者は、「彼の〈他者〉」の現前を目にすることはできないのである。「彼の〈他者〉」が、患者の耳元でそっと囁くというその明証性の中で、常に「彼の〈他者〉」は、非―現前し、患者の肉体に寄生する。

彼は、彼の〈他者〉との間にいかなる隔たりもないことを発見する（断章7）。

そして、これは、おそらくは強迫神経症患者にもっとも有効であろうと思われる次のような助言に由来している。すなわち、「これは、ひとつの癖であり、無理に治そうとはせず、慣れたほうがいい」。

実際に、この助言が患者に（この患者に）有効かどうかは別として、今のこの患者は、「彼の〈他者〉」をある独立した語る何かとしてとらえようとはせず、一種のあきらめのもとに、「彼の〈他者〉」と同化しようとしているのである。

彼は、たたかわない。彼は、彼自身のディスクールに追いつけないことを知っている（断章6）。

そして、患者と「彼の〈他者〉」は、共棲という和解点を見つけ出すが、テクストがそれを許そうとはしない。なんの脈絡もなく、テクストは唐突に、「私は」と語り出す。

彼は、彼の〈他者〉との交通に、その後なんらかの方策を試みたのであろうか、私は知らない。彼の〈他者〉のあらゆる語りかけに、彼は嫌悪を感じたのであろうか、私は知らない（断章8）。

ここで、今まで、「彼」のことを「患者」と置き換えてきた理由が浮かび上がってくる。というのは、少なくとも、このテクストの内部においては、「彼」が神経症患者であることは明らかにされてはおらず、またその必然性がほとんどないのだが、今ここで、テクストが「私は」というとき、「私」は、痕跡があるということで、とりあえずの主体になれるというだけなのにもかかわらず、「彼」を今まではそのつど、どこかの誰かにすぎなかった「彼」を、意味作用の機能停止に苦しみ、「彼の〈他者〉」の無言の語りかけに怯える神経症患者へと転化させているのである。

テクストが、「私は」と語る以前に、確かに「彼」は名付けられはしていたが、テクストは「彼」と名付け、「彼」について語りながら、「彼」を知らなかったのである。

だが、テクストは今ここで、「私は」と語り、「彼の〈他者〉」を召喚し、「彼」と強固に結びつけるのである。そして、その召喚はさらにもう一度おこなわれる。

なぜ彼がそれをするのか、私は知らない。わたしはただ、彼がそうするのを見る（断章10）。

直接的ではないにしろ、テクストは、「彼」をはっきり自覚しており、永遠に「彼」と顔を合わすことのないであろう「彼の〈他者〉」の現前を促すのである。しかし、不思議なことながら、一瞬結びついたかに見えるこの「彼」と「彼の〈他者〉」は、奇妙な時制の中で、分割されてしまうのである。

「彼」は常に語られてきた（複合形）が、「彼の〈他者〉」は、現前を促されているのにもかかわらず、テクストが語っている、今この現在に現前できないのである（永遠なる近接未来形？）。そして、「彼」はそのことをすぐに自覚している。

彼は、彼の〈他者〉と共に何も見ず、何も聴かないだろう（断章10）。

もしこういってよければ、強迫神経症とはまさに、この寸断された、しかし時空を超えて結びついている「彼」と「彼の〈他者〉」の同一化活動を起源とするのであろう。しかし、「彼」と「彼の〈他者〉」は、現在という時間の中では共棲できず、永遠に無関係という関係を結ぶしかないのである。テクストは「私は」と語ったすぐそのあとに、――「彼の〈他者〉」を正式に召喚したすぐそのあとに――なかば結論的にそのことを予感している。

そこに現前していないものは何もない。欠落しているものもない。ただ、出来事と呼ばれるものが、関係することの可能性だけが失われている（断章9）。

そして、「私」は、この無力な「彼」を尻目に、あくまでも傍観者を装いつつ、「彼の〈他者〉」と協定を結び、自らその死を迎えるのである。

彼は見られていることを知らない（断章11）。

文脈上、おそらくは正当であろうと思われる、「私に」がここで欠落しているのは、もともととりあえずの主体として、痕跡を残すことだけを許されたあの「私」が、「彼の〈他者〉」を召喚するという任務を無事果たし、それ以上語るのを控えたという見方も確かにあるかもしれないが、とりあえずの主体であった「私」が、今度は、「彼の〈他者〉」と同化しようとすることによって、「彼」を極度の孤立状態に陥れようとしたのではないであろうか。そして、一度は、強迫神経症患者へと転化された「彼」を、再び無名の存在に還しているのではなかろうか。「彼」は、どこでもない場所のいたるところにいるのである。テクストは、最後に自ら、そのテクスト性に光をあて、「テクストを語るのはテクスト自身である」という結論を、今、われわれに澱みなくいわせてくれるのである。

要するに、このテクストは、「彼」にとっては、「彼の〈他者〉」が不法に侵入してくる（共棲できないにもかかわらず）その場所が、まさに、生成と現前という矛盾した時間の中での「話者の不在」を示し、読むわれわれの側にとっては、このテクストの現前というただ中で、テクストの言葉たちというフィルターを通しても、「話者」は非―現前するしかないという、二重の構造にとらえられているのである。

Addition d'une psychiatre

ある精神科医による補訂

ある精神科医による補訂

額田えりの

強迫神経症の分類と症状

強迫性障害の基本的な症状は、主に「強迫観念」と「強迫行為」の二つに分類される。

①強迫観念：頭の中に浮かんでくる不快な考えやイメージ

②強迫行為：不快感を打ち消すために繰り返してしまう行為

そのうち強迫観念は、大きく分けて四つ存在する。

汚染恐怖や不潔恐怖

加害恐怖

不完全恐怖

ため込み障害

強迫神経症のバリエーション

本テクストは、強迫神経症患者の告白という形で表現されているが、強迫神経症にはいくつかのバリエーションがあるので次に示したい。

不道徳恐怖

手紙を書いた後、なにか失礼なことを書いたのではないかと不安になり、開封して確認する

加害恐怖

自分の行為が人を傷つけるのではないかと考えてしまう。また、卑猥な行為や反社会的な行動をしてしまうかもと感じる。例えば飲食中、ビール瓶で同席の人を殴ってしまうのではないかと不安に陥る。

縁起強迫

この道を通るとよいことがあるとされているので、必ず通らなければ帰宅でき

ない。

疾病恐怖
自分が何か重篤な病気なのではないかと不安になり、時には病院を変えてまで何度も検査をしないと先に進めなくなる。

確認強迫
戸締まり、ガス栓、電気器具のスイッチを過剰に確認する。何度も確認する、じっと見張る、指差し確認する、手でさわって確認するなど、儀式行為は自分の決めた手順でものごとを行わないと、恐ろしいことが起きるという不安から、どんなときも同じ方法で行なわなくてはならない。治療により時間が短縮されていくのが特徴。

このうち、本テクストの「患者」は最後に示した確認の強迫性障害ということになる。テクストの中にもあるように、幾度確認しても施錠されていることに確信をもてず、何度も扉を引いてみたり、ガス栓や電源、タバコの消火なども同様に安全確認を何度も試みる。しかし、どうしても「患者」は、確信が持てない。そうであることをそうであると納得できないのである。そして、もう一人の自分（他者）は、執拗に再確認を要求してくる。

「ほんとうに鍵はかかっているか」

何度確認しても同じことである。とうとう「患者」は、疲れ果て意味の病を受け入れ和解する。

ここで特徴的なのは、「患者」は異常者ではないということである。ガス漏れや漏電、火災を未然に防ぐため、あるいはそのことが原因で周囲に迷惑がかからないようにという「患者」の正義感から、この永続的に反復する確認行為が生じているといえる。もっとも、火災などを起こして「犯罪者」になりたくはないという利己的な強い意志があるのではないかという指摘もあるが、多くの「患者」は、身分の保障を企図する以前に、テクストにあるように強迫による確認で多分に疲労し、自我同一性の喪失に辟易するのである。

強迫神経症のメカニズム ― セロトニン仮説[註1]

確認強迫の動機は、いま述べたとおりだが、ではなぜ、このような症状を発症してしまうのだろうか。セロトニンという言葉を耳にしたことがあるだろうか。ストレスに効能があるといわれ、精神状態の安定に重要な働きをする脳内物質であるが、近年、このセロトニンを神経細胞内に取り込むタンパク質が、強迫神経症患者の脳内では減少することが明らかになった。

このタンパク質をセロトニントランスポーターというが、フルボキサミン（製品名：デプロメール、ルボックス）と結合し、セロトニンの再取り込みを阻害すると、強迫症状が改善されることがわかっている。

しかし、なぜ有効なのかはまだわかっていない。

強迫神経症の現在地

さて、セロトニン仮説が正しかったことにまちがいはないものの、メカニズムは不明であると先述したが、ＳＳＲＩ（selective serotonin reuptake inhibitor）が、強迫症状を改善することは明らかである。

いまやＳＳＲＩの服用によって、強迫神経症は完治する病であり、疲弊しきった人には朗報である。

ＳＳＲＩの種類

日本で使えるＳＳＲＩは、次の五種類である。

①セルトラリン（ジェイゾロフト）

②エスシタロプラム（レクサプロ）

③パロキセチン（パキシル）

④パロキセチン徐放錠（パキシルＣＲ）

⑤フルボキサミン（ルボックスもしくはデプロメール）

このうち強迫神経症では③④⑤が効果があるとされている。

ＳＳＲＩの作用、副作用

セロトニンの再取り込み阻害薬であり、セロトニンの再取り込みをするところをブロックするのでセロトニンが出ても回収されないという状況になるので、結果、細胞外のセロトニンが増えるということになる。

投与後一日から数日で増加しこの結果先に副作用が出ることがある。特に胃腸で反応が出やすく、例えば吐き気や食欲低下などの副作用が確認される。それに加えて傾眠（眠くて仕方がない）、消化器症状、頭痛、全身倦怠感などが挙げられる。

基本的には数日でいろいろ受容体などが慣れてくるため初期の副作用は減ってくる。そして、セロトニンが多い状態が続いてくると、脳のバランスが変化し、その個人が必要とするセロトニンの安定のレベルにいきつく。そこで効果が出る、という仕組みになっている。

強迫神経症の治療

不安や強迫症状は、扁桃体によって制御されている。ＳＳＲＩの投与により不安が改善した場合、扁桃体の活性化が収まる。扁桃体には、不安感を生み出す神経細胞のネットワークが存在し扁桃体の基底外側部の細胞が、前頭葉や海馬などからの情報を中心部の神経細胞へと情報を伝えている。大脳辺縁系や青斑核などへと出力されることで、強迫症状が出現する。

扁桃体には、不安を抑える抑制性の神経細胞が存在し、セロトニンの刺激により、抑制性ニューロンからＧＡＢＡが放出されて、扁桃体の不安を構成する神経細胞を抑制。セロトニンは、不安を生み出す神経細胞に直接働きかける。

以上から、セロトニンは、扁桃体の神経細胞に直接作用したり、またはＧＡＢＡを分泌する神経細胞に働きかけ、不安を生み出す神経細胞の活性を抑えると考えられている。

まとめ

本テクストでは、さまざまある強迫神経症のバリエーションのうち、確認強迫の事例を扱っているものの、困難を抱えている人は、他のバリエーションでの強迫障害で苦しんでいる場合もあるわけであるが、本書では、強迫的な「指令」、もしくは「儀式」は、言語学的な側面と他者の概念を改めて示すことに成功している。つまり、「シニフィアン」と「シニフィエ」の不一致ともいうべき乖離である。

テクストの中の「患者」は、自らの発音（シニフィエ）とその現象（シニフィエ）の不一致に悶え苦しみ、「ほんとうにそれに間違いはないか」という自問自答に苦しむのである。自分の発する音声が、意味を失い、何度聴いても「それ」をそうとは認識できない。

そのどうしようもなさは、フロイト以来、われわれは、Ｊ・ラカンの次の言葉でひとまずの安寧を得るのである。

無意識とは他者の言説である

ＳＳＲＩの服用により症状の改善が見られる限り、われわれは、薬物療法による治療に期待するべきであろう。

いまや、強迫神経症は治る病である。

註1　選択的セロトニン再取り込み阻害薬（ＳＳＲＩ）が、うつ病のみならず強迫性障害の治療にも有用なことから、脳内のセロトニンが強迫性障害の原因および病態に関係しているという仮説（量子科学技術研究開発機構ＨＰより引用）。

あとがき

私が、強迫神経症という言葉を知ったのはいつだったろうか。おそらくは、一九八四年に東京医科歯科大学病院精神科を受診した時だったと思う。主治医は、高名な高橋良先生だった。先生は、静かに診断名を告げた。

「強迫神経症という病気です」

物心ついた時には、すでに確認する癖があったように思う。家族で外出する際、すべての戸締りを確認することにやりがいを感じていたのだ。当時としては、あたり前のように感じていた。

「外出するのだから、泥棒に入られたら大変だ」

確認することにそれほど違和を感じなかった私は、その後も確認をし続ける。中学時代、忘れ物に対する厳しい指導があったわけではないが、何となく自律的なことを望む年頃だったのか、持ち物に対する確認が強くなった。バス通学をしていたこともあり、定期乗車券を忘れたら通学できないという恐怖心からか確認行為は一層強まった。その他、生徒手帳、学帽、名札、ハンカチ等、持ち物確認には、時間がかかったように記憶している。それでも、日常生活に支障をきたすほどではなかった。

続いて高校時代。状況はさして変わらず、平穏に過ごしていた。しいていえば、翌日の授業に必要なものが揃っているかを確認することに、手間取っていたようだ。つまり、翌日に現代国語の授業があれば国語辞典、古文があれば古語辞典、体育があれば体操着がロッカーに入っているかを確認しないと帰宅できないといったように、一般的な生徒には見られない行動を起こしていた。しかし、中学時代と同等に、きわめて挙動不審とはいえず、本人も特に苦にはせず、高校を卒業したのである。

問題は大学時代である。大学進学とともに上京した私は、すでに上京し就職していた兄と暮らすことになり、ここから症状が悪化する。

第一の原因は、兄の寝タバコである。タバコによる火災が恐怖であり、何度も何度も兄の吸ったタバコの吸い殻が消火されているのを確認した。その後、確認を強要する不安な症状は、戸締りや電源、ガスの元栓など多岐にわたるようになる。就寝時に、戸締りを確認する（ドアを何度も引く）音がうるさいと兄からいわれ、精神科を受診することになった。

そこで、冒頭の高橋先生との出会いである。

名医といわれた高橋先生に診てもらうことに安堵はあったが、所詮一九八〇年代のことである。レキソタンが処方されたが、効果はなかった。

その後、面倒な日々は続いたが、日常生活は回り続け、いつしか治療から離れていったのだが、二〇〇〇年前後にハッピードラッグの名のもとにＳＳＲＩが登場する。

例外なく、私もＳＳＲＩにすがった。しかし、確認中に「他者」の言葉は鳴りやまない。おまけにパニック障害も併発する。発汗、広場恐怖、心臓神経症と典型的な症状に悩まされ、退職を余儀なくされた。おそらくは父方の遺伝であろうことはわかっていたものの、自分の人生が確認だけに終始することに、苛立ちもあった。

「なぜ自分だけが確認をしなければならないのか…」

紆余曲折を経て、出会ったのが、額田先生である。デプロメールを処方していただき、現在は、日々快方に向かっている。本書の「補訂」も書いていただいたが、その親身な治療方針には、ほんとうに感謝しかない。完治にこだわらず、

「ま、いいか」

を口癖に、八〇%の治癒を目指しましょうと優しく導いてくださったことが忘れられない。

しかし、必ずしもすべての強迫神経症患者が、デプロメールとの相性が担保されているわけではない。ケースバイケースの難しさはいつまでもつきまとうはずだ。相性のいい薬物療法と出会い、平静な日々を取り戻すことを願うばかりである。

また、加齢とともに寛解するともいわれており、時の流れに身を任せるのもい

いかもしれない。

最後になるが、強迫神経症はけして不安障害の「病気」ではなく、行動と思考の障害の一つに過ぎないということを自覚的に認識していただき、重く受け留める必要はないという理解を求めるものである。

本書刊行にあたり、筆者の「他者」ともいうべき、喜多雅文氏にはたいへんお世話になった。厚く謝意を表するものである。

二〇二三年六月二一日

井川國彦

✡ Tout est présent ici. Et rien n'est présent. Seuls ce qu'on nomme événement, la possibilité du lien, est perdu (fragment 9).

✡ Avec son « autre », il ne verra ni n'entendra rien. En fin de compte, il ne se produit jamais rien ici. Et c'est là qu'il intervient. J'ignore pourquoi il agit ainsi. Je me contente simplement de le regarder faire (s fragment 10).

✡ Il ne sait pas qu'on l'observe (fragment 11).

propre discours. Il disparaît dans un endroit hors d'atteinte pour lui. Et là encore, cette voix au propriétaire inconnue se met à crier (fragment 6).

✡ Il ne peut plus rien fixer du regard. Les identités sont toutes perdues, il ne sait plus quoi regarder. Cependant, il découvre qu'aucune frontière ne le sépare de son « autre », et que cette différence sans distance l'effraye de nouveau (fragment 7).

✡ J'ignore s'il a tenté par la suite d'échanger d'une façon ou d'autre autre avec son « autre ». J'ignore également s'il a ressenti de l'aversion aux récits de son « autre ». Ce n'est sans doute pas le cas (fragment 8).

lui est formellement interdit d'ouvrir au préalable cette porte fermée (fragment 4).

✡ Il est enfin redevenu lui-même au terme de ses vains efforts (mais sans aucune fatigue), comme si cette tautologie interminable allait cesser avant qu'il ne le sache. La conclusion est toujours décevante.

✡ Il a désormais repris ses esprits. Les travaux remarquables de Saussure n'auront pas été vains (fragment 5).

✡ Cependant, cette force surgit encore de manière inopinée. Elle vient de manière écrasante, incohérente. Il ne cherche pas à riposter. Il sait qu'il n'arrive pas à suivre son

✡ Souvent fatigué, il aimerait que ça s'arrête. Il ne veut plus entendre cette voix dépourvue d'origine (fragment 2).

✡ Le sens renonce à son essence dans un lieu d'une évidence si éclatante. Le sens refuse de rester immuable. Même au moment où le lien sémantique que l'on appelle causalité vient à peine d'être créé, le pouvoir qui anime cette voix introduit délibérément une incertitude et trahit le sens (fragment 3).

✡ Il n'a pas d'autres choix que de rester là. Puis il devra écouter éternellement et avec la plus grande attention le discours du propriétaire de cette même voix, « l'autre ». Il

あの声が…

フランス語訳

Cette voix...

✡ Une voix sans faille, dans le ton, la séquence et même le phrasé, comme d'habitude. De même qu'hier, elle devra se répéter. Pour comprendre que ce qui se trouve ici demeure, que ce qui existe restera ainsi (fragment 1).

◉著者紹介
井川國彦（いかわ・くにひこ）
1963年東京本郷生まれ。早稲田大学社会科学部中退
出版社、米国大手文具メーカー日本法人勤務を経て、フリー編集者
現在、広告代理店代表

額田えりの（ぬかだ・えりの）
1964年東京お茶の水生まれ。青山学院高等部より青山学院女子短期大学へ
卒業後医師を目指す
1994年慶應義塾大学医学部精神神経科学教室入局。東京歯科大学市川総合病院
精神神経科勤務を経て、千代田区半蔵門で精神科クリニックを開業
専門は、強迫神経症のほかにパニック障害、うつ病、ADHD、また近年では産業
医療に力を入れている

強迫神経症の余白に―主体の消滅そしてあるいは話者の不在

二〇二三年七月二五日　初版第一刷発行

著　者……井川國彦
　　　　　額田えりの
発行者……喜多雅文
発行所……エムケープランニング
　〒一一二-〇〇〇四　東京都文京区後楽一-四-一一-三〇二
発売所……株式会社 田畑書店
　〒一〇二-〇〇七四　東京都千代田区九段南三-二-二　森ビル五階
装　幀……エムケープランニング デザイン室
印　刷……モリモト印刷 株式会社
製　本……モリモト印刷 株式会社
用　紙……株式会社 富士川洋紙店

落丁・乱丁本はお取り替えします。ISBN978-4-8038-0415-7 C1010

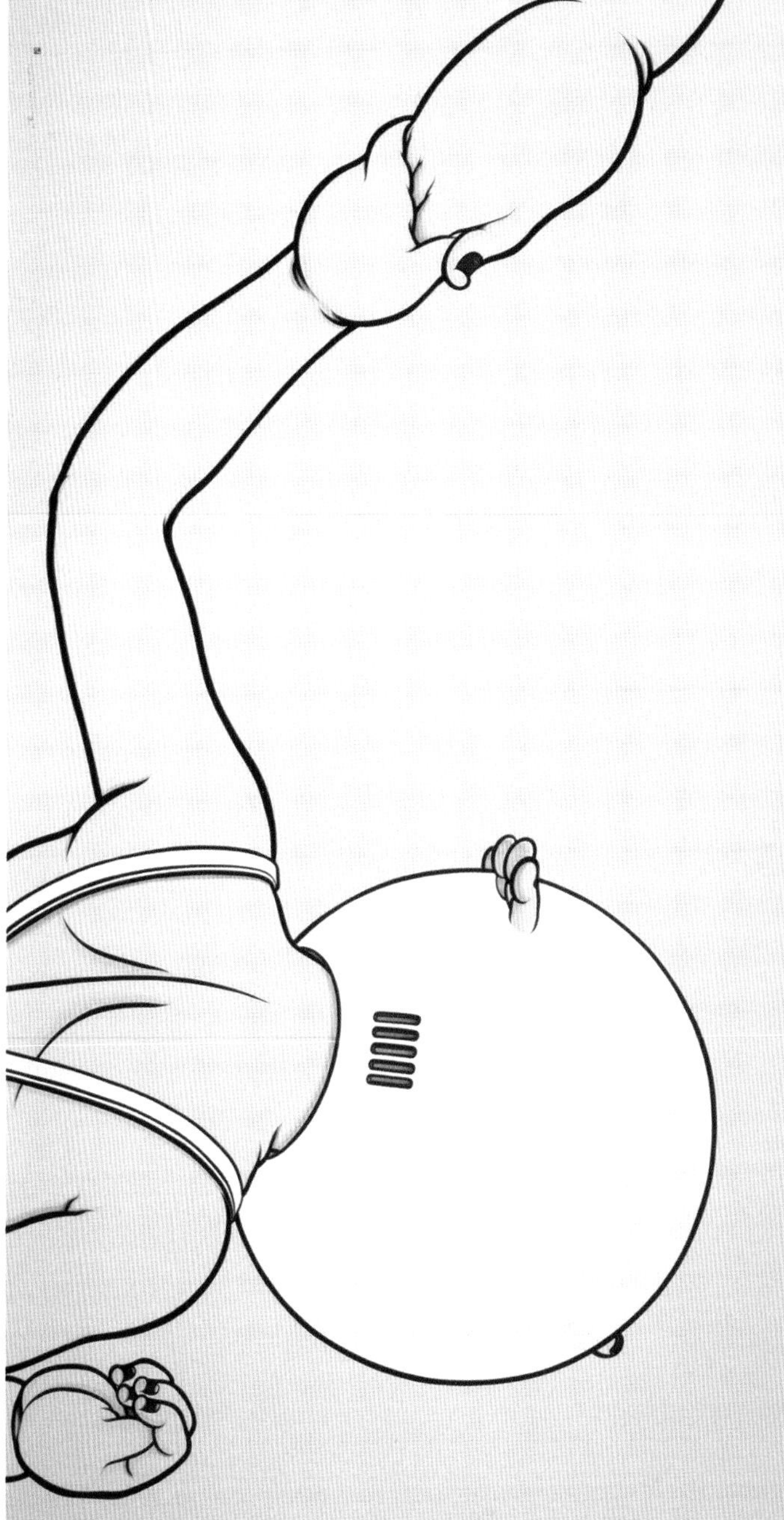

POST CARD

MK PLANNING

町田久美 ©Kumi Machida
関係　Relation　2006
雲肌麻紙に青墨、茶墨、顔料、岩絵具　181.5 x 343 cm(3 panels)
個人蔵
協力：西村画廊

POST CARD

MK PLANNING

町田久美 ©Kumi Machida
関係　Relation　2006
雲肌麻紙に青墨、茶墨、顔料、岩絵具　181.5 x 343 cm(3 panels)
個人蔵
協力：西村画廊

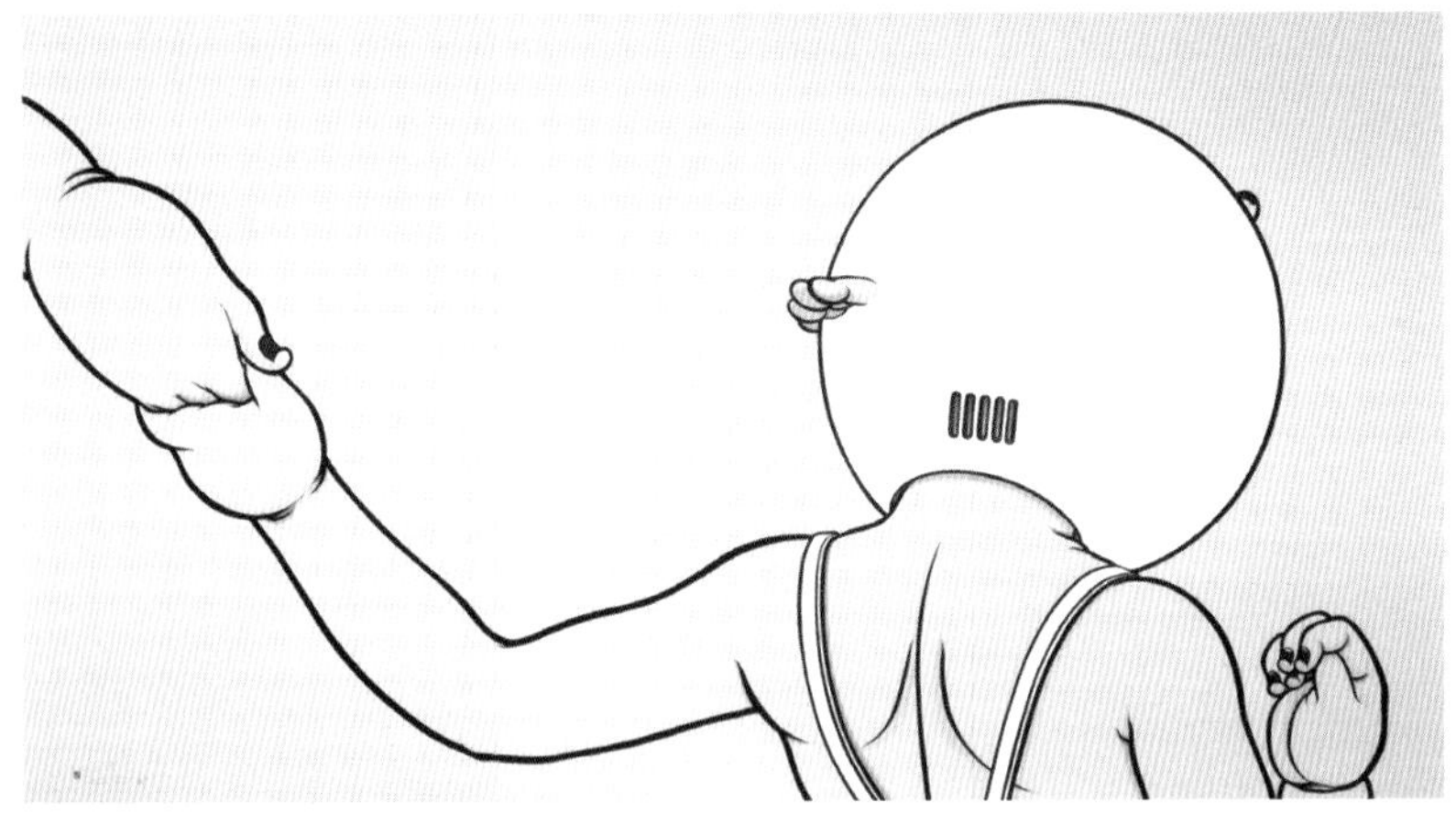